U0486502

图说世界历史

寻找古希腊

［英］查尔斯·弗里曼 ◎ 著

张焕新 ◎ 译

哈尔滨出版社
HARBIN PUBLISHING HOUSE

黑版贸审字08-2016-078号

图书在版编目（CIP）数据

寻找古希腊 /（英）查尔斯·弗里曼著；张焕新译. —哈尔滨：哈尔滨出版社，2019.10

（图说世界历史）

书名原文：Investigate and Understand the Ancient Greeks

ISBN 978-7-5484-3154-1

Ⅰ.①寻… Ⅱ.①英…②张… Ⅲ.①古希腊–历史–青少年读物 Ⅳ.①K125-49

中国版本图书馆CIP数据核字(2017)第037484号

© 2016 Brown Bear Books Ltd

BROWN BEAR BOOKS A Brown Bear Book

Devised and produced by Brown Bear Books Ltd

Unit 1/D, Leroy House, 436 Essex Road, London N1 3QP, United Kingdom

The simplified Chinese translation rights is arranged through Rightol Media.

本书中文简体版权经由锐拓传媒取得(copyright@rightol.com)。

书　　名:	寻找古希腊
	XUNZHAO GUXILA
作　　者:	[英]查尔斯·弗里曼 著
译　　者:	张焕新
责任编辑:	杨浥新　滕　达
责任审校:	李　战
封面设计:	上尚装帧设计
出版发行:	哈尔滨出版社（Harbin Publishing House）
社　　址:	哈尔滨市松北区世坤路738号9号楼
邮　　编:	150028
经　　销:	全国新华书店
印　　刷:	深圳当纳利印刷有限公司
网　　址:	www.hrbcbs.com　www.mifengniao.com
E-mail:	hrbcbs@yeah.net
编辑版权热线:	(0451)87900271　87900272
销售热线:	(0451)87900202　87900203
邮购热线:	4006900345　(0451)87900256
开　　本:	787mm×980mm　1/16　印张：3　字数：72千字
版　　次:	2019年10月第1版
印　　次:	2019年10月第1次印刷
书　　号:	ISBN 978-7-5484-3154-1
定　　价:	30.00元

凡购本社图书发现印装错误，请与本社印制部联系调换。

服务热线：（0451）87900278

目录

简介……………………………6

迈锡尼人……………………8

希腊人定居点………………10

古希腊的土地………………12

雅典…………………………14

民主…………………………16

战争中的城邦………………18

海战…………………………20

宗教与诸神…………………22

神庙…………………………24

奥林匹亚竞技………………26

民宅…………………………28

家庭生活……………………30

教育…………………………32

酒宴…………………………34

剧场和演员…………………36

手工艺者……………………38

学习和发明…………………40

疾病与死亡…………………42

大事年表……………………44

参考书目……………………44

参考网站……………………45

词汇表………………………46

索引…………………………48

简介

历史上，古希腊人最擅长发明创造。他们发明了民主，建立了历史上第一个由男人统治的城邦。他们中有一些人成为历史上第一批历史学家和科学家；一些成为优秀的手艺人和诗人。剧场也是古希腊人发明的。总之，人们认为古希腊人是现代西方生活的奠基人。2500年前，古希腊就已经达到了文明程度。在那个时期，雅典是希腊发展最好的城邦，一些著名的建筑，比如帕提依神庙，就建在那里。

了解更多

在今天的希腊、土耳其和意大利，人们还能看到许多古希腊遗迹，尤其是古希腊神庙。在世界各地的博物馆里也有许多古希腊的陶器和雕像。人们可以从古希腊陶器上的精美图案以及古希腊人的战争故事，比如特洛伊战争中，更多地了解古希腊。

怎样使用这本书

这本书向我们展示了古希腊人的生活，每一页都侧重于古希腊人民生活的一个面，向我们呈现出这一伟大文明的迷人图景。

介绍

本书简单、详尽，读者可以了解每一个标题下的内容。对于某些特定的内容，本书还附加了更为详细的补充说明。

嵌入图

本书为了更详尽地解释某些内容，专门嵌入了相关图片，并解释了这些内容的重要性。

亮点

每一页的下方还有一些插图和介绍，目的是鼓励读者小朋友找到那些博物馆中的古希腊藏品。

神庙

神庙就是神的住所……互竞争，都想修建规模……神庙。神庙里面放置着……外，各城邦也经常把宝……张图是帕提依神庙，位……有的神庙都建在城邦里，城邦很远的地方。

建筑

古希腊神庙有两种风格：一……在希腊本土以及意大利境内的古……是爱奥尼克柱式，主要在现今土耳……比爱奥尼克柱式，多利克柱式的顶……

多利克

看这里

爱奥尼克柱头

柱子的顶部叫……头。爱奥尼克柱……两个大的圆形……（螺旋涡卷顶）……很容易识别……大的一些……神庙就是由……亚人建造的。

6

标题

标题位于每页左上角，从标题就会知道这部分的主要内容。

细节

本书从古希腊壮观的神庙建筑到家庭生活，向我们展示出了古希腊的完整画面。

插图

本书附有精美的全彩插图，生动地展现了古希腊世界，使叙述更加直观。

珍宝储藏室

雅典人会把从各城邦收上来的钱和珍宝储藏在神庙里。

山形墙

山形墙呈三角形，位于建筑物墙体的上方靠近屋顶的部分。一般山形墙上会雕刻一些传说故事。

立柱

古希腊神庙四周围绕着众多的立柱。帕提侬神庙的立柱是最好的大理石柱，据说是从附近的潘特利采石场运来的。

雅典娜神像

帕提侬神庙里的巨大的雅典娜神像是由菲狄亚斯雕刻的。这座木质雕像的表面有一层金子，雅典娜的皮肤由象牙制成。

内殿

雅典娜神像坐落在内殿之中。整个内殿只有一扇门可以透光，因此雅典娜神像看上去非常庄严肃穆。

神庙浮雕

这座雕像来自位于奥林匹斯神庙的一面山形墙上的，这个雕塑展现的是一个人，他有超能力，见宙斯。然而，况下，人们是看的。

雕带

古希腊人在墙上雕刻的图饰叫作雕带。此图所示的雕带是帕提侬神庙的内墙上的图饰，表现的是泛雅典娜节的盛大游行。

女神柱廊

图中所示的柱廊是由少女形象的柱子（称为女神柱）组成的，是供奉雅典娜的古代神庙——伊瑞克先神庙的一部分。

25

7

迈锡尼人

希腊人最早的时候被叫作迈锡尼人,在公元前1600年到公元前1200年期间,他们统治希腊南部。迈锡尼城是古希腊最重要的城市。迈锡尼人全部参加军队,他们离开迈锡尼城来到地中海寻找各种金属,比如青铜、马口铁、黄金等等。 在公元前1200年,迈锡尼文明衰败。这一时期被古希腊著名诗人荷马记录在了他的两部史诗《伊利昂纪》和《奥德修纪》之中。

城堡

迈锡尼的城堡非常坚固,一般建在小山顶上,统治者就住在这里。统治者掌管着城堡周边的土地,他们可以自由贩卖粮食、陶器和武器。各城邦的统治者们会联合在一起突袭外邦。

皮洛斯宫殿

荷马在他的作品中描绘了皮洛斯宫殿,它属于迈锡尼国王内斯特,宫殿辉煌壮观。此图是这个宫殿的复原图。它大约在公元前1200年被入侵者烧毁,后来,考古学家发现了它的遗址。

看这里

陶罐
迈锡尼人还擅长制作陶器。这个用来喝水的陶罐四周有花纹图案,是墓里的随葬品。经确认,它是公元前13世纪的物品。

面具
这个金质死亡面具是在迈锡尼地区的坟墓中发现的,当时罩在一名死去的勇士脸上。这个金质死亡面具可追溯到公元前1550年前后,因此,它是最珍贵的发现之一。

祭酒靴
这是一个陶质祭酒靴。古希腊人把酒倒入祭酒靴里,向各路天神祭拜。

宫殿

每一座城堡里面都建有一个宫殿。宫殿色彩鲜艳，宽敞明亮，中央大厅是宫殿内最大的地方。在这里，统治者带着他的随从接见和宴请来访的客人。

狮门

迈锡尼人非常擅长石头工艺。迈锡尼的狮门3000多年来屹立不倒。

🐾 头盔

这是一个象牙做成的古代将士头部的模型，他头上戴着的头盔是野猪牙制品。大多数迈锡尼时期的盔甲是青铜的。

🐾 盾牌

在战士们回家之前，他们要把盾牌挂在统治者宫殿大厅的墙上。

🐾 线形文字B

迈锡尼人讲希腊语。他们的文字被叫做作形文字B，这种文字不是由单独的字母组成的，而是由音节组成的。

希腊人定居点

迈锡尼文明衰败以后，古希腊人散居在爱琴海周边。直到公元前9世纪，古希腊人定居在希腊本土和现在的土耳其南部以及塞浦路斯地区。古希腊人与来自富饶的东方的商人做交易。

公元前750年，古希腊人搬到意大利西海岸地区找铁，之后就一直居住在那里。到公元前6世纪，地中海和黑海地区已经有大量的古希腊移民，他们和当地的原住民共同生活。如克尔特人、意大利的埃特鲁里亚人，还有住在黑海附近的西徐亚人。每个地区都有各自的管理制度。在埃及，人们允许古希腊商人在瑙克拉提斯城有自己的交易场地。他们用白银、石油交换埃及人的粮食。

意大利

公元前750年以后，古希腊人定居在意大利南部和西西里岛地区。他们居住的地方后来有一些成为古希腊最富有的城市。

克尔特人
埃特鲁里亚人
意大利
伊斯基亚岛
西西里岛

腓尼基人

腓尼基人擅长航海，他们居住在地中海地区，是古希腊人的强大对手。

看这里

站立人像

站立人像是真人大小的男性雕像，它们一般立于坟墓之上。它们的设计受到了古埃及的影响。

陶罐

科林斯是公元前7世纪古希腊最强大的城邦。它处于东方和西方之间有利的地理位置，是重要的造船中心。那里出产的陶器上绘有东方的动物和植物的图案，在整个地中海地区随处可见。

■ 公元前1100—公元前750年 希腊本土
■ 公元前750—公元前700年 第一批殖民
■ 公元前700—公元前580年 新的希腊定居点
■ 腓尼基人—古希腊人的对手

阿尔米纳
爱奥尼亚人
塞浦路斯
希腊
爱琴海
科林斯 雅典
迈锡尼 克里特岛
瑙克拉提斯
古埃及
地中海
非洲

埃维亚岛

来自埃维亚岛的水手是最先和东方人做买卖的，而且他们在希腊西部建立了第一个希腊定居点。

商船

古希腊人的各定居点之间一直有货物交易。多余的粮食或蔬菜可以用来交换其他东西，如金属、陶器和织物。

釜

青铜釜，用来供奉神灵。人们在奥林匹亚地区（古代举办奥林匹亚竞技的地方）已经发现了500多个这样的锅。这种锅的周围有一些东方动物图案的装饰，极具异域风情，比如左图中的狮鹫（神话中长有鹰头、鹰翅和狮身的怪兽）。

船只失事

地中海经常会出现暴风骤雨的天气，每当这个时候，海上的船只会被摧毁。现代考古学家已经找到了一些那时沉船上的货物，例如一些陶器的碎片。

11

古希腊的土地

古希腊耕地非常少。在炎热的夏天雨水很少,山地又很难耕种,因此,古希腊人只能在野外或者梯田上耕种。大麦不像小麦那样需要大量的水来灌溉,因此大麦成为古希腊人耕种的主要农作物。橄榄和葡萄长势很好,这样古希腊人就可以将其卖到其他地区换回更多的粮食。希腊人饲养绵羊和山羊,一般在干燥的山区放牧。

农民的土地面积很小。当一个农夫去世后,他的土地将被分给他的儿子们。最终,本来面积很小的土地变得更小。很多古希腊人就靠这点儿土地是无法生活的,因此,他们不得不到海外寻找新的生活。

古希腊虽然有金属,但非常少。古希腊人用它们制造农用工具和武器。

耕种

农民经常翻耕土地来留住雨水。他们在12月播种,来年5月收获。

看这里

耕犁人

犁通常是木头做的,犁地的时候会在土地上犁出一条线。之后,农民用手把土块掰碎。牛是农民非常宝贵的财产,有了它,农民就不用那么辛苦地劳动了。

葡萄藤

这个精美的彩绘展示了酒神狄俄尼索斯驾船驰骋海上的情景。船的桅杆上挂满了葡萄。海豚在他周围嬉闹。

葡萄园
葡萄种在山坡的梯田上。

橄榄
橄榄油是古希腊主要的出口产品之一。古希腊干燥的土地非常适合橄榄树生长，人们通常把橄榄树和大麦耕种在一起。

●得墨忒耳
得墨忒耳是谷物女神，比如，种小麦和大麦这些农作物之前，农民要向女神祈祷。在收获的时候，人们会以女神的名义举行一个盛大的庆祝活动。

●动物
古希腊人喜欢动物彩绘图案，比如猪和兔子。

13

雅典

在公元前8世纪，古希腊人就开始修建城市。他们经常会选择在巨石旁边建城以便于抵抗外敌入侵。古希腊人为城市里那些壮观的建筑物感到骄傲和自豪。

雅典城建在阿提卡半岛上，这里有各种食物，矿山里出产白银，这样雅典城有了钱，就可以用来贸易、建造战船。公元前490年，波斯人入侵古希腊，那时，雅典是地中海地区最富有、最强大的城市，有能力对抗波斯军队。

民宅

雅典的民宅很普通。砌墙用的是没有经过烧制的砖，或者是木头，屋顶铺的是陶砖。雅典城的妇女通常待在家里。

亚格拉集会广场

亚格拉集会广场就是市场。它的四周是一些壮观的建筑，包括柱廊——带有柱子的开放式的长厅建筑——男人们聚集在那里做买卖或者交谈。

看这里

钱币

到公元前500年，古希腊的大部分城邦使用金属钱币。这种银质的4德拉克马的钱币一面是雅典娜女神像，另一面是象征雅典的猫头鹰图案。

陶器

公元前500年前后的雅典陶器是古希腊最好的陶器制品。这些陶器有红色的底色、黑色的图案。

帕提侬神庙

卫城位于雅典城的山丘之上，能够俯瞰整个城市。在雅典卫城，帕提侬神庙是最大的建筑物，是为了敬奉雅典娜女神而建造的。

入口

卫城是雅典城的宗教和仪式的中心。它的入口是由精美的大理石建造的。

雅典娜

雅典娜女神是雅典的保护神。传说橄榄被雅典娜带到了阿提卡地区，成为雅典城的主要农作物。这个是由雕刻家菲狄亚斯雕刻的巨大的雅典娜神像的复制品。真正的雕像在帕提侬神庙。

伯里克利

伯里克利是公元前460年到公元前430年间的雅典的重要政治家。在他的帮助下，雅典帝国建立了。

边界石

这个石头是在雅典城发现的，上面刻有"集市界石"的字样。

民主

雅典最大的成功之处就是公民共同处理国家事务。这种管理体制叫作"民主"，或者叫作"人民共同管理体制"。事实上，在雅典，年龄达到20岁的男性才能成为公民，并有选举权。女人、儿童、外来人，还有奴隶是没有选举权的。

每年，男性公民能够得到大约700个职务，比如将军、财政官、监狱看守、清洁工等等。将军以外的其他职务都是从30岁以上的男性公民中通过抽签选择的，任期一年。

男性公民可以做法庭的陪审员，负责决定被控告人有罪或者无罪。

公民大会

公民大会在雅典的普尼克斯山上举行，每年举行大约40次，可供8000人参加。

看这里

陪审员名片

陪审员任期一年。一旦被选为陪审员，其将得到一张写有自己名字的名片。进入法庭前，陪审员要上交名片，审判结束后，名片和报酬会一并交还给陪审员本人。

水钟

法庭上的陈述是有时间限制的。陈述的时间不能超过一个陶碗中水全部流出的时间。

选票

在审判结束之前，陪审团成员要投票决定被告是否有罪。如果某个陪审员将选票投到箱子里，则他认为被告无罪。

畅所欲言

公民大会在清晨开始，日落结束。参加大会的人们经常会争论不休。有时经过激烈争论后做出的决定到了第二天又被全部推翻，因为此时，人们的情绪已经完全平静下来。古希腊人采用举手投票的方式。

城市的日常管理

每次公民大会结束后到下一次公民大会召开前，每天要召开议事会议。每次要由50名男性公民组成五十人团参与议事会议，历时一个月。这段时间，这些男性公民要住在亚格拉集会广场旁的一个圆形建筑里，保证随叫随到。

辩论

每个月，公民大会都要讨论城市防御和玉米储备事宜。

反专制

下图中的石碑记录了这样一则法律：任何杀死暴君的人无罪。

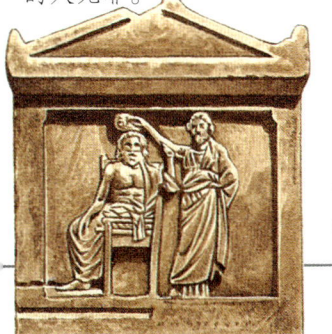

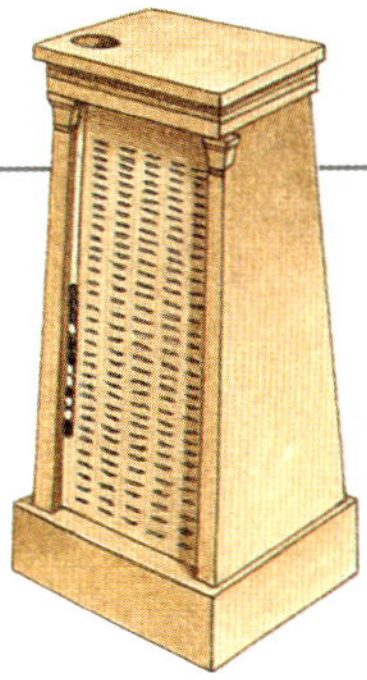

选择陪审员

如果一个案子有太多的陪审员，谁要留下来将由上面这个巧妙的投票器来决定。

陶片放逐法

在雅典，不受欢迎的人将被放逐。雅典男性公民把这些人的名字写在陶片上，通过投票决定。

17

战争中的城邦

古希腊时期，大多数城邦缺少土地和粮食，为了土地和粮食，城邦之间经常爆发战争。战争经常在一年中固定的时间发生，通常是在人们不需要干农活的时候。如果在其他时间引发战争，将被视为不公平的行为。战争中，士兵们拿着盾和矛，互相推搡、猛刺，直到一方军队战败逃跑为止，通常没有多少伤亡。

公元前490年，波斯人入侵希腊，雅典军队在城北的马拉松平原与他们交战。令人惊讶的是，雅典军队把波斯军队一直逼退回了海上。当时一个传令兵像参加径赛一样跑回城邦送信儿。这件事成为现代马拉松赛跑的起源。

方阵

作战的时候，士兵们紧紧地挨在一起，组成一个方阵（站成横排），竖列大约有8个人。为了在激战中保持队形不变，士兵们要经过严格的训练。

武器

古希腊士兵的主要作战武器是木质长矛，长矛的一端镶有一个铁尖头。作战时，士兵用长矛猛刺敌人直到将敌人刺伤，或者迫使敌人掉头逃跑。

看这里

坟墓
在取得胜利的马拉松战役中，雅典仅仅有192人战死，这些人被埋在一个大型的坟墓中。今天，在马拉松战役的遗址，仍然能够看到这座坟墓。

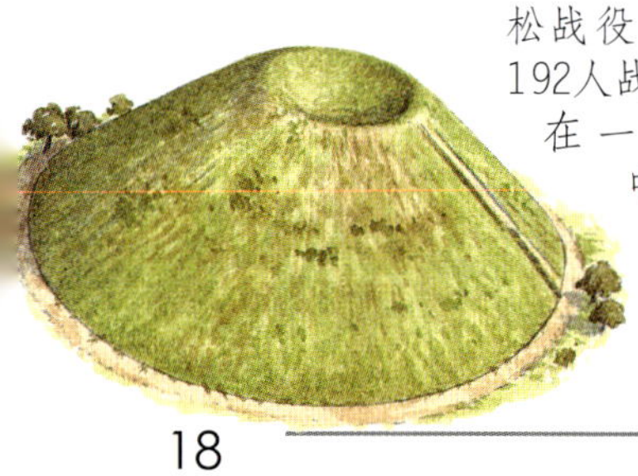

重装步兵
"盾牌"是"hoplon"；古希腊重装步兵这个词"hoplite"就是由"hoplon"转变而来的。

武器
下图中的剑、矛尖和箭头是马拉松战役中使用的武器。从这些武器中，能够看出这场战役中有弓箭手，也有步兵。

18

马拉松战役

该图展现的是马拉松战场。雅典人和同盟军共同将波斯军队赶回到他们的船上，共歼灭敌人6000余人。

马拉松战争

- 希腊军队
- 波斯军队
- 波斯战船

盔甲

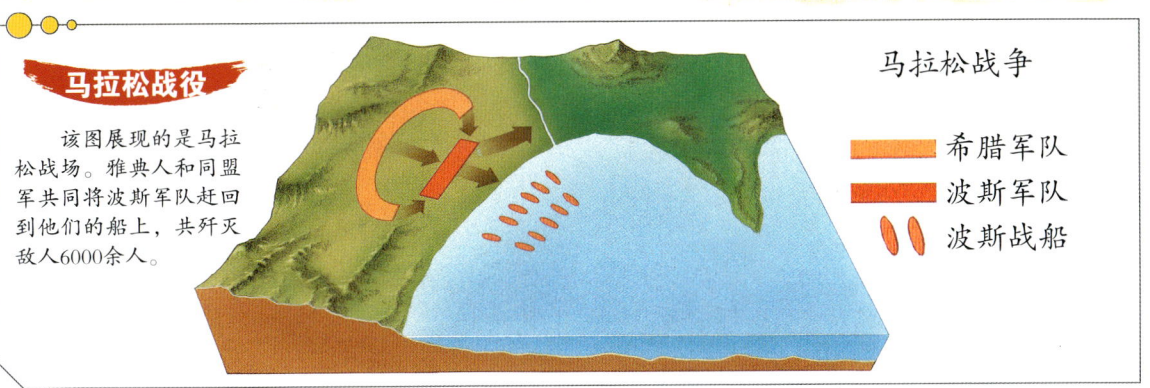

古希腊士兵作战时穿戴胸甲、头盔和保护小腿的护胫甲。他们小心地把盾牌放在袋子里带走，直到必要的时候，才拿出来使用。这个图案描绘的是一个侍从正在把盾牌递给重装步兵使用。

骑兵

古希腊也有骑兵，但是很少使用骑兵来与重装步兵作战。原因是，骑兵的马没有马镫，士兵很容易被重装步兵推下马。

海战

古希腊人是优秀的水手。一些城邦拥有自己的海军，海军装备包括一种"三桨座战船"。三桨座战船有三层桨，需要170名桨手。这种战船不装备火炮，甲板上最多时有30名全副武装的士兵。作战时，船头撞向敌方战船最薄弱的地方——船的侧面。船上的桨手必须确保自己的战船的侧面没有暴露给敌方。

雅典海军胜利史上最伟大的一次战役是公元前480年的萨拉米海战。当时，波斯人利用强大的海军入侵了希腊。雅典军队设法引诱波斯战船进入到了一处狭窄水域，然后摧毁了他们。

萨拉米海战

这张地图展现了当时的萨拉米海战的情况。波斯舰队以及盟友腓尼基舰队航行到萨拉米海峡时，希腊舰队从侧面攻击了它们，由于海峡狭窄，波斯舰队根本无法掉头逃走。

波斯舰队

波斯士兵本准备登上希腊战船，但是他们最终因无法靠近而放弃。

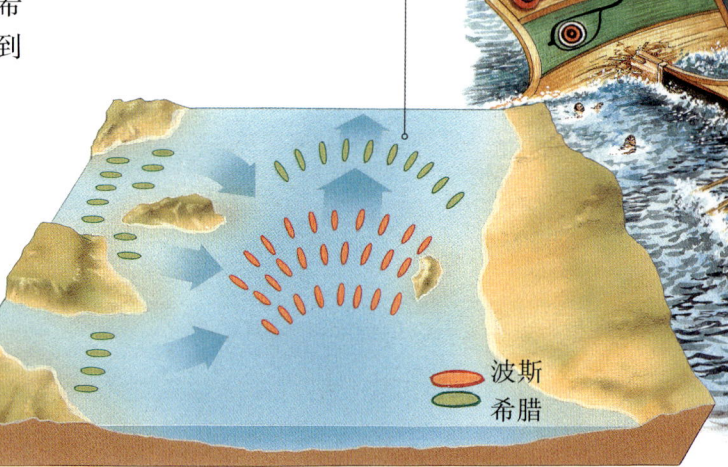

波斯
希腊

看这里

三桨座战船

三桨座战船与以往古希腊人建造的船只很相似，在原有基础上进行了改建，船桨分布在三层。据此，能够推断出当时在海上嘈杂的环境中，桨手们很难听到上级下达的命令。这种战船的时速可达到16千米。

20

三桨座战船

因为三桨座战船专门用于作战，甲板上没有留出任何活动空间，所以战船夜里要停靠在岸边。

桨手的位置

三桨座战船有三层，桨手们分坐在每一层里，这样，可以避免船桨相互碰撞。

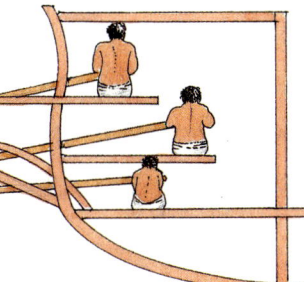

🐾 船桨

船尾的两个船桨是用来操纵船的方向的。对于大型战船来说，还需要其他桨手的帮助来操纵战船的方向。

🐾 锚

图中所示的锚是现今发掘出的古代船锚。最早的锚是由石头打造的，锚的一头系着绳子。

🐾 船币

古陶器和钱币上的图案可以帮助我们更多地了解古希腊。图中的船币是为了庆祝海战胜利而铸造的。

21

宗教与诸神

古希腊人认为神法力无边，既能给人类带来巨大伤害又可以给人类带来福祉。他们认为接近神的最好的办法是献上祭品，比如献上动物、酒，以此来博得神的欢心。之后，神将下达神谕，指点人类，比如著名的特尔斐神谕。在特尔斐的神庙，祭拜者可以提出任何问题，那里的一位女祭司会把阿波罗神的回答告诉给他们。

古希腊人认为最主要的神都住在希腊东北部的奥林匹斯山上。他们包括宙斯，众神之父；赫拉，宙斯的妻子；阿佛洛狄忒，爱与美的女神；波塞冬，海神。

游行

游行的队伍穿着色彩鲜艳的服饰，伴着音乐行进，场面非常热闹。不管是当地的年轻人还是老年人，或者外国人，他们都在游行队伍之中，带着各种祭品。

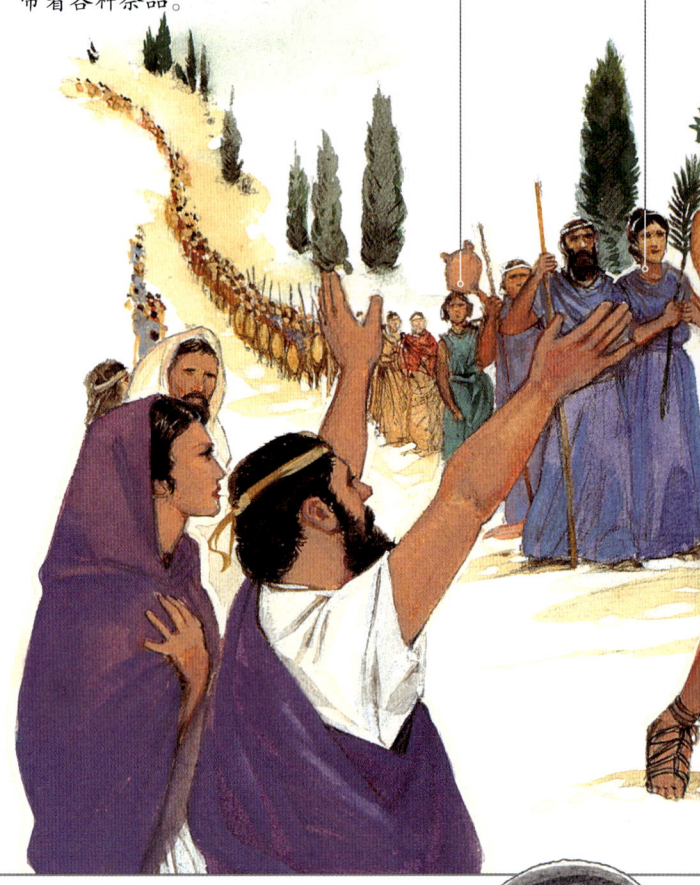

看这里

宙斯

宙斯是众神之父，是最强大的神。他的宫殿位于奥林匹斯山上。他掌管雷电云雨，所以一旦下雨了，人们就会说："宙斯下雨了。"如果他要是生气了，他会给人类带来伤害。

雅典娜

雅典娜是智慧女神。雅典人认为是雅典娜把橄榄带到希腊的。

赫耳墨斯

赫耳墨斯的工作是把死者的灵魂带到冥界。他也是牧人最喜欢的神。

祭司

男女祭司要确保整个祭祀的过程准确无误。

焚烧的祭品

火在祭祀中非常重要。人们经常要把作为祭品的动物放在祭坛上焚烤或者煮熟。

大型牺牲

作为祭品的动物中最常见的大型动物有牛、山羊、绵羊，还有猪。祭祀中，人们用圣刀宰杀它们。

波塞冬

波塞冬驾着他的金色战车，驰骋于海洋之中，毁灭一切冒犯他的人。

阿波罗

阿波罗，宙斯之子，太阳神，主管光明、青春、医药、畜牧、音乐、诗歌。在特尔斐的神庙，有阿波罗降下的神谕。

阿佛洛狄忒

阿佛洛狄忒是爱与美的女神，生于海洋。人们经常向她祈祷，希望他们所爱之人能够接受他们的示爱。这个雕塑表现的是阿佛洛狄忒的诞生。

神庙

神庙就是神的住所。古希腊各城邦相互竞争，都想修建规模最大、装饰最好的神庙。神庙里面放置着神的巨大雕像。此外，各城邦也经常把宝藏储藏在这里。这张图是帕提侬神庙，位于雅典城。不是所有的神庙都建在城邦里，也有一些建在离城邦很远的地方。

山形墙

山形墙呈三角形，位于建筑物墙体的上方靠近屋顶的部分。一般山形墙上会雕刻一些传说故事。

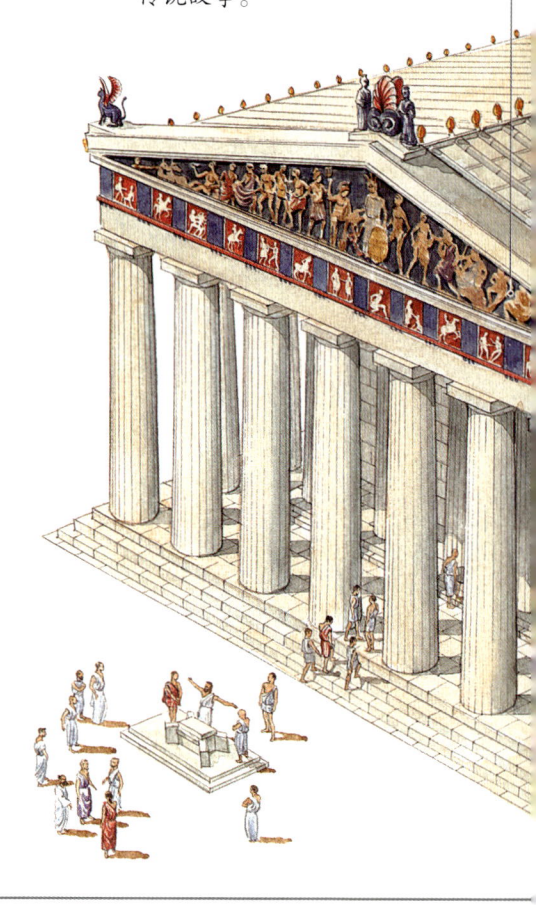

建筑

古希腊神庙有两种风格：一种是多利克柱式，主要在希腊本土以及意大利境内的古希腊城邦中；另外一种是爱奥尼克柱式，主要在现今土耳其的沿海城市中。相比爱奥尼克柱式，多利克柱式的顶部比较单调一些。

多利克　　　　　　　　　爱奥尼克

看这里

爱奥尼克柱头

柱子的顶部叫作柱头。爱奥尼克柱头上有两个大的圆形涡卷（螺旋涡卷顶），很容易识别。最大的一些古希腊神庙就是由爱奥尼亚人建造的。

神庙浮雕

这座雕像来自位于奥林匹亚的宙斯神庙的一面山形墙上的浮雕。这个雕塑展现的是一个圣洁之人，他有超能力，可以看见宙斯。然而，一般情况下，人们是看不见宙斯的。

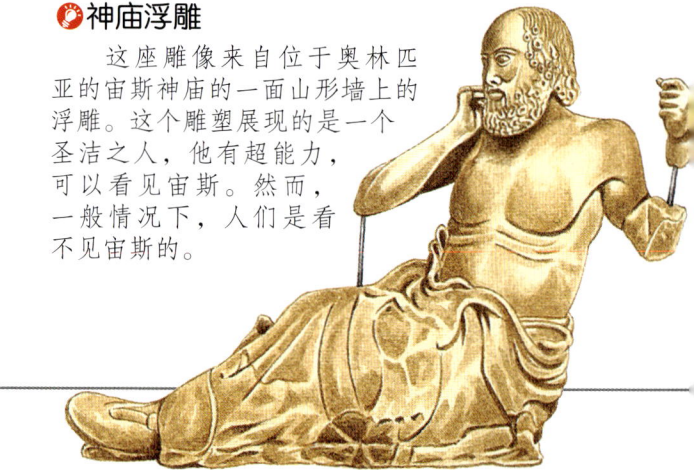

珍宝储藏室

雅典人会把从各城邦收上来的钱和珍宝储藏在神庙里。

立柱

古希腊神庙四周围绕着众多的立柱。帕提侬神庙的立柱是最好的大理石柱,据说是从附近的潘特利采石场运来的。

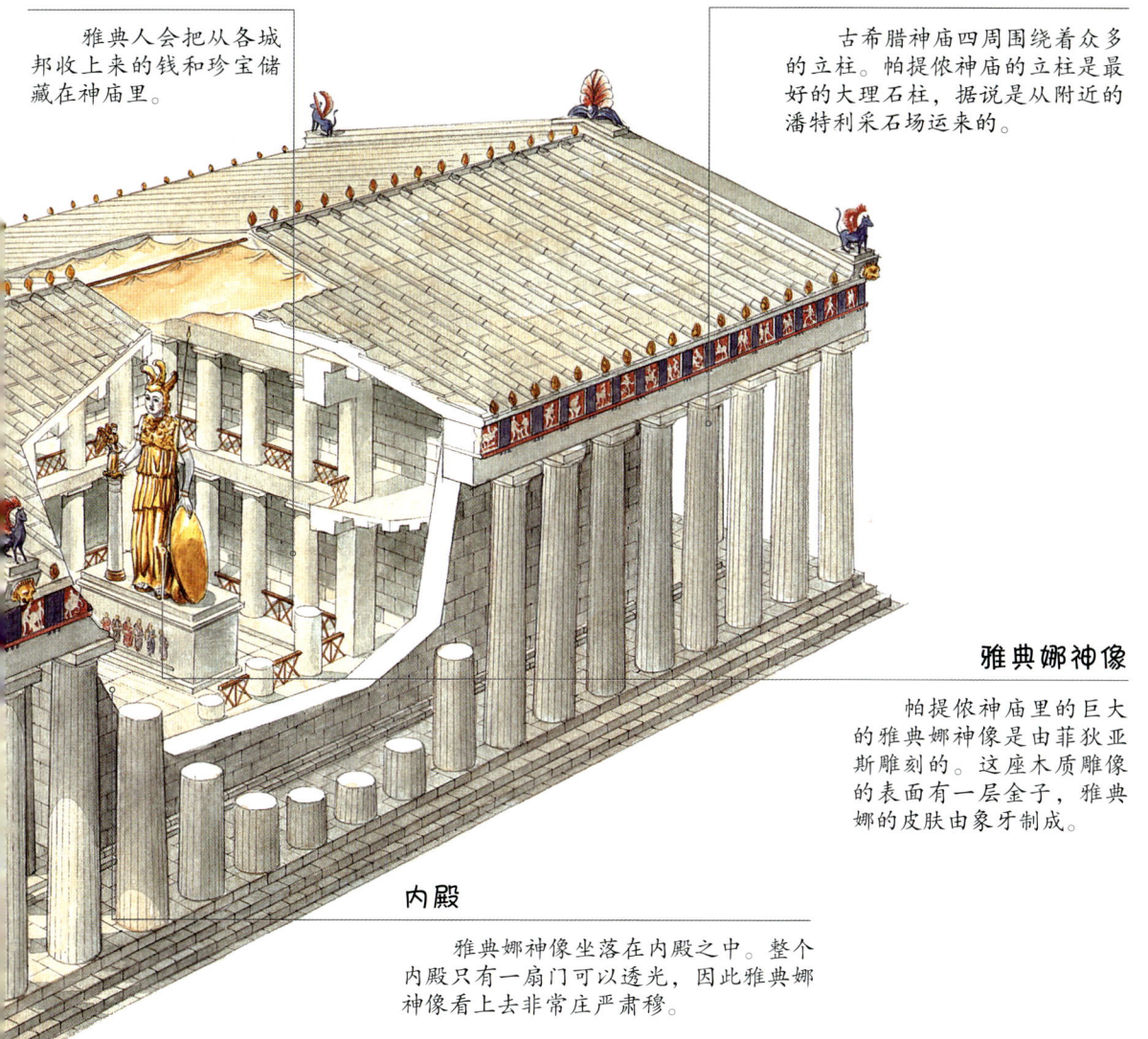

雅典娜神像

帕提侬神庙里的巨大的雅典娜神像是由菲狄亚斯雕刻的。这座木质雕像的表面有一层金子,雅典娜的皮肤由象牙制成。

内殿

雅典娜神像坐落在内殿之中。整个内殿只有一扇门可以透光,因此雅典娜神像看上去非常庄严肃穆。

●雕带

古希腊人在墙上雕刻的图饰叫作雕带。此图所示的雕带是帕提侬神庙的内墙上的图饰,表现的是泛雅典娜节的盛大游行。

●女神柱廊

图中所示的柱廊是由少女形象的柱子(称为女神柱)组成的,是供奉雅典娜的古代神庙——伊瑞克先神庙的一部分。

25

奥林匹亚竞技

自公元前776年开始，为纪念宙斯，人们每4年在奥林匹亚举办一次竞技会，届时，希腊各城邦选送最好的运动员参加竞技会。通常只有男性参加比赛，但是一些斯巴达妇女也来参加。同时，数以千计的观众也都聚集到此观看比赛。比赛项目有跑步、赛马及其他各种竞赛。奖品只是橄榄花环，但是没有什么比在奥林匹亚竞技中获胜更加光荣的了。获胜者也为家乡带来了荣耀，回到家乡的时候，会受到热情的欢迎。

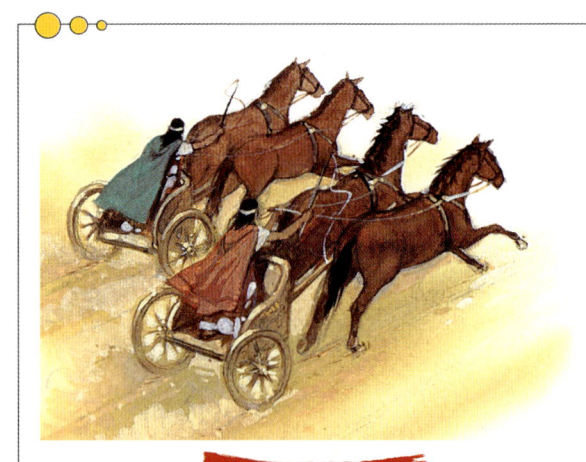

战车竞赛

战车竞赛是奥林匹亚竞技中最危险的项目。比赛中，战车要跑上好几圈，碰撞是常有的事。

体育场

在奥林匹亚竞技中，跑道有64米长，多达40000名观众可以坐在跑道周围的矮山上观看比赛。所有的运动员裸体参加比赛。

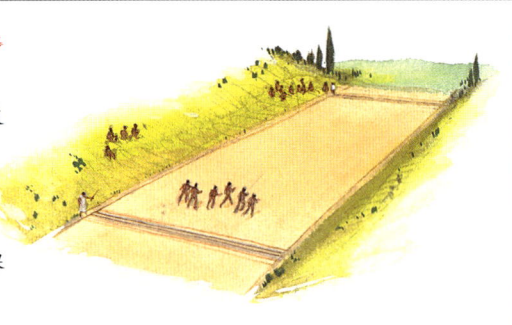

角力

角力比赛很受欢迎。一方将对手摔倒3次，或者逼迫对手认输就算胜利。

看这里

宙斯神庙

最伟大的宙斯神庙位于奥林匹亚，花费了10年时间建造而成。内部有一座巨大的宙斯神像，是由菲狄亚斯雕刻的。

战车御者

这个著名的战车御者青铜雕像是在特尔斐发现的。完整的雕像呈现的是御者站在配有4匹战马的战车上驰骋。这个雕像是为了庆祝在特尔斐的竞技会上一名来自西西里岛的希腊人获得胜利而做的。这个铜像是由几个分离的铜块组合而成的。

26

重装步兵赛跑

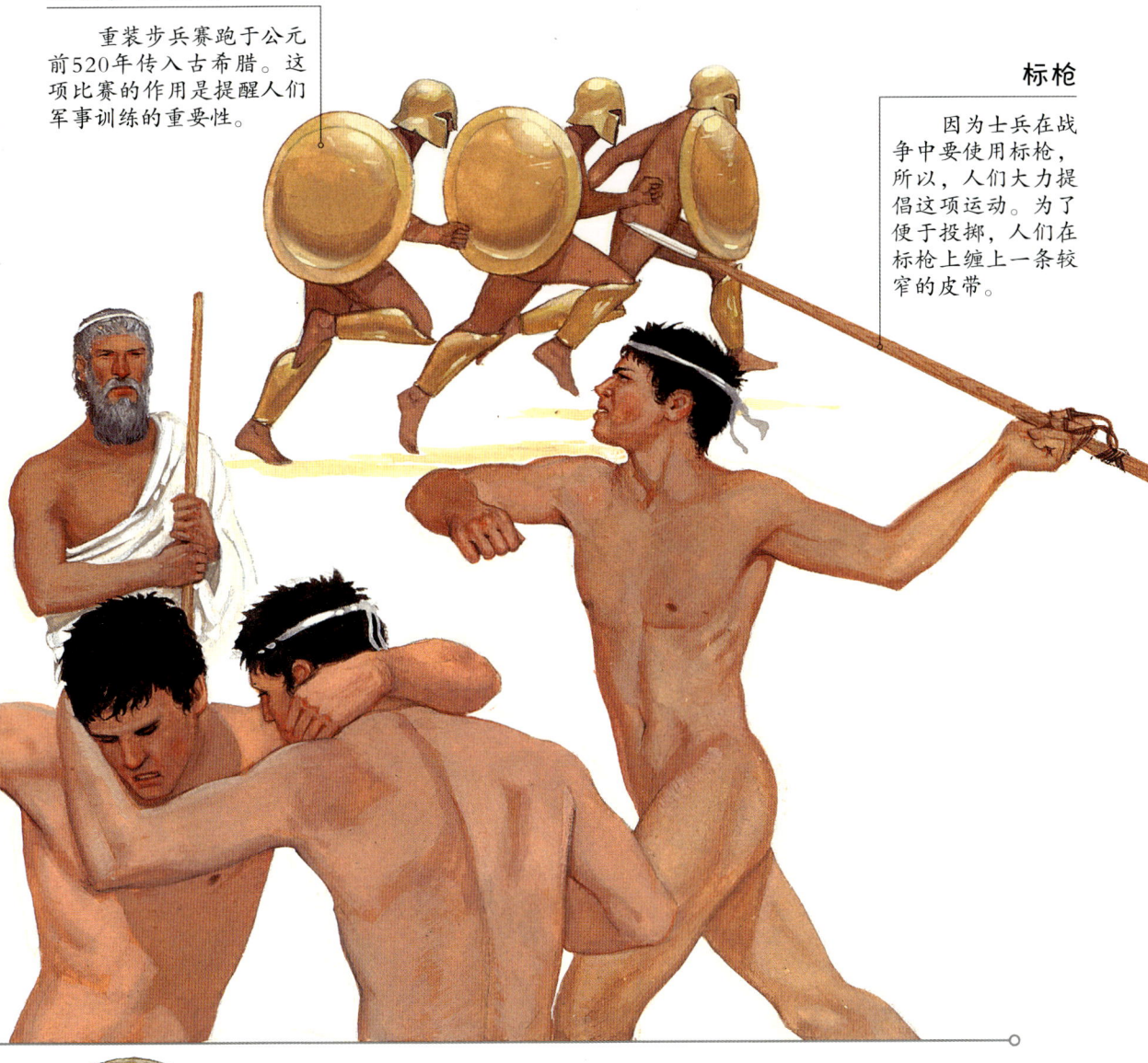

重装步兵赛跑于公元前520年传入古希腊。这项比赛的作用是提醒人们军事训练的重要性。

标枪

因为士兵在战争中要使用标枪,所以,人们大力提倡这项运动。为了便于投掷,人们在标枪上缠上一条较窄的皮带。

负重跳远

跳远是仅有的希腊跳跃项目。它可以是二级或三级跳远。参赛者手里握着重物,在起跳时,向前摆动重物来获得动力。

铁饼

最初,铁饼就是扁平的石头,直到奥林匹亚竞技时期,才改为青铜的铁饼。

赛马比赛

赛马比赛和战车竞赛一样危险,因为骑手骑在没有马鞍的马上,随时都有掉落下来的危险。

民宅

这是一个有钱的希腊人家的房子。房子是由泥砖建造的,上面有很小的窗子,屋顶铺的瓦片,只有一扇门。尽管一些屋子的地面铺的是马赛克,但是屋子里的家具还是很简单的。来自房子主人的农场的粮食、油和葡萄酒都储藏在这样的房子里。

在雅典,妇女们大部分时间待在家里。在宅院的中心有一块空地,她们在那里纺纱或者做些其他的家务活。她们也会在奴仆的辅助下做饭。

男主人大部分时间不在家里。晚上,他们可能会把朋友带到家里吃饭,但是他们的妻子和女儿是不可以与他们在同一个桌子上吃饭的。

棋牌游戏

古希腊人有一种棋牌游戏。玩的时候,投掷一个色子,筹码就能移动。孩子们用彩色陶器碎片玩"头或尾"游戏。

家庭娱乐室

赫斯提是主管家庭事务的女神,她佑护着家庭娱乐室。在这里,妈妈和孩子们围着火炉玩耍,火炉代表着对赫斯提女神的尊敬。

厨房

饭一般是由奴隶来做的,通常,奴隶在陶制的火炉上做饭。

看这里

罐子
古希腊人用简单的无任何图案的陶罐储存葡萄酒和油,或者用来盛水。如果家里没有水井,女人们就要出去打山泉水。

凳子
像其他家具一样,凳子构造简单,是由木头做的。在最富有的家庭里,家具是金银材质的。

奴隶
奴隶是从市场上买来的。他们要做主人家里一切辛苦的体力活。

祭坛和庭院

每个家庭的院子里都有一个祭坛。家里的主人会给诸神供奉祭品祈福。

卧室

古希腊人的床上铺着颜色鲜艳的毯子，他们将衣服都放在箱子里。

餐厅

在餐厅里，男人们躺在躺椅上吃饭，食物由奴隶来服侍。

孩子们的拨浪鼓

大人们会给孩子们玩陶制玩具。这个小猪是一个拨浪鼓。此外，孩子们还有娃娃和陀螺。

奶瓶

这个奶瓶是在古希腊的一个城镇里发现的，不过，大部分希腊婴儿是吃母乳的。

赫斯提

赫斯提是主管家庭事务的女神。家庭的任何新成员——婴儿、新娘或者奴隶——都要围着火炉转一圈，表达对赫斯提的尊敬，以获得她的佑护。

家庭生活

雅典女孩儿在15岁左右的时候嫁人；男孩儿一般是20多岁结婚。斯巴达女孩儿稍晚一些。婚姻是由双方家庭安排的，当一切都达成一致之后，就会举行婚礼。新娘跟随着迎亲队伍来到丈夫的家里。一旦她生下了第一个孩子，她就被夫家视为真正的家庭成员了。

在新家，妻子要打理一切家务，包括抚养孩子。在富有一些的家庭，妻子有奴隶的帮助。然而，在贫穷的家庭里，妻子也不比奴隶好多少，因为家里的一切家务需要妻子亲自来做。夫妻双方可以离婚，但是离开了丈夫，妻子几乎无法生活下去。

迎亲队伍

在新娘家举行婚宴之后，新郎就要把新娘带走。迎亲队伍伴着音乐和赞美诗，在夜里出发。

最好的朋友

新郎要选择一个最好的朋友陪着他和新娘驾着马车在迎亲队伍的陪伴下走过这段路程。

看这里

细颈有柄长油瓶

细颈有柄长油瓶用来盛放香料油。人们会在沐浴之后，涂抹一些香料油。此瓶上的图案是女神阿佛洛狄忒。

双柄长颈高水瓶

双柄长颈高水瓶是一个特殊的用于举行仪式的瓶子。人们用它盛水，为新娘举行沐浴礼之用。新娘在她订婚的时候或者结婚以后，为神供奉这样的一个小瓶。

新娘

新娘在到达新房并被迎进门之前要一直戴着面纱。迎亲的人把坚果和干果撒向这对新人,代表着好运。

新郎的母亲

新郎的母亲会站在儿子的房门前欢迎新娘的到来。

耳环

这个制作精美的品金耳环来自意大利南部的一个富有的希腊城邦。

面包房里的妇女

这个雕塑表现的是妇女们正在面包房里准备面包的场景。古希腊人最讨厌做别人的仆人。只要可以,古希腊人会用外邦人或者奴隶来做这样的工作。

31

教育

在雅典，只有男孩才可以上学，一般在7岁时开始。仅有为数不多的女孩可以学习阅读，大部分学习如何照顾家庭。在斯巴达，不论男孩女孩都可以在学校接受教育。主要的课程有：阅读课、写字课和音乐课。古希腊人热爱音乐。因为音乐是节日、纪念仪式等场合必不可少的，所以能够演奏优美的音乐是很重要的技能。经常一个教室的隔壁会有一个角力学校——用作体育课的训练场地。

在雅典，阅读是非常重要的，因为雅典的法律都刻在石头上。学生们学习阅读伟大诗人的作品，比如荷马。写字可以写在蜡板上，然后擦掉，再写。

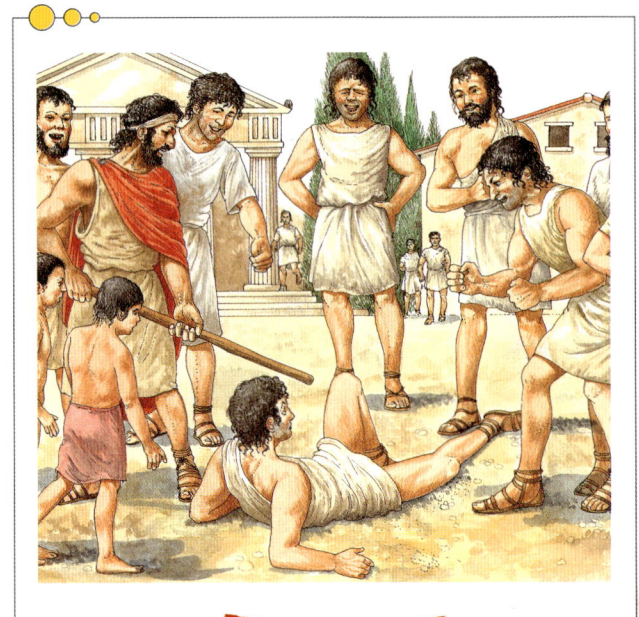

斯巴达训练

斯巴达的男孩在7岁的时候被从家中带走，接受士兵训练。在他们很小的时候，大人们就鼓励他们去玩一些打斗的游戏。看上去弱小或者没有勇气的孩子经常会受到别人的嘲弄。

看这里

雕刻

重要的法律都刻在了石头上，供人们阅读。石头上面的文字没有空格也没有标点。

里拉琴

受过教育的人应该都会弹奏里拉琴。里拉琴是由龟甲制成的，音箱上面包着一层牛皮。尤其在酒会上，里拉琴常常用来给诗、歌伴奏。

大声朗读

这个孩子正在大声朗读给老师听。那时的学生们背诵了大量的诗歌。

小学生

这些小学生正在蜡板上写字，一个字得练习好几次。

教师

古希腊的学校有音乐、阅读和体育等各个学科的老师。因为教师们的薪水不高，所以教师不是一个受欢迎的职业。

阅读书卷

人们用埃及的植物纸草制成纸，把它卷起来就成了书卷。

管乐器

管乐器是由木头或骨头做成的，一般同时吹奏两个管。音乐家们在活动或者节日里比赛，如果某个音乐家的头上系着丝带，则表明他已经赢得了其中的某个比赛。

基萨拉琴

这是一个特殊的大型里拉琴，主要用在大型音乐节日中。

33

酒宴

夜晚，富人们聚在一起，举行一个酒会，叫作酒宴。酒宴一般有7到15个男性客人，他们躺在躺椅上。通常，他们的头上装饰着花环。

一般，酒宴上吃的有鱼、肉、蔬菜和小麦面的面包。这要比平常吃的大麦面面包和橄榄油要好得多。通常情况下，葡萄酒和水掺在一起。在酒宴上，人们用的是古希腊最好的陶器。

再晚些时候，会有音乐和舞蹈。宾客们此时会举行唱歌和弹奏里拉琴比赛。他们有时也会背诗，有时会玩一种铜盘游戏，就是把杯子里的酒倒到指定的地方。

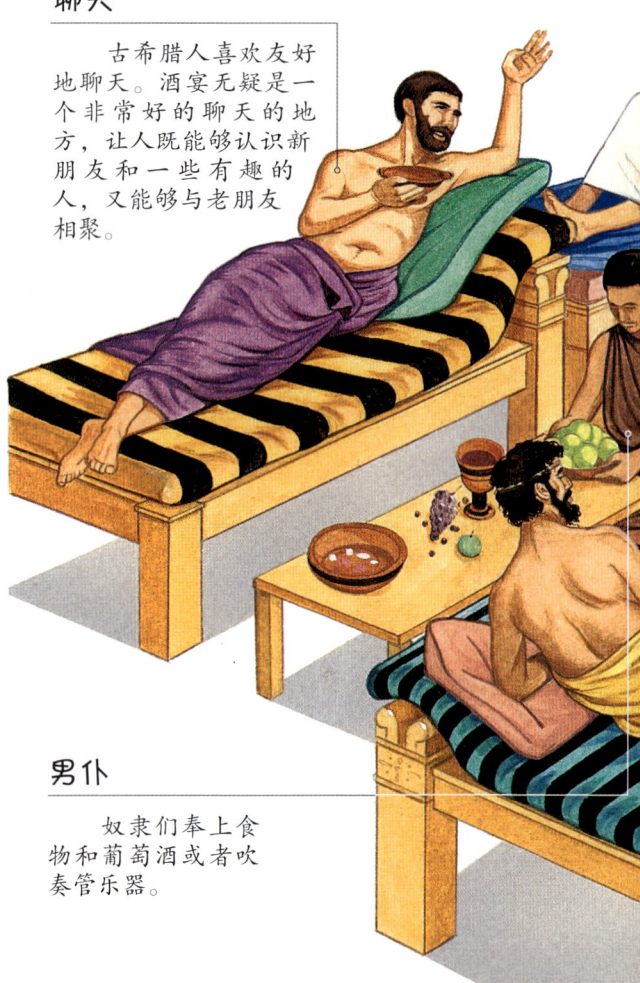

聊天

古希腊人喜欢友好地聊天。酒宴无疑是一个非常好的聊天的地方，让人既能够认识新朋友和一些有趣的人，又能够与老朋友相聚。

男仆

奴隶们奉上食物和葡萄酒或者吹奏管乐器。

看这里

双耳喷口杯

双耳喷口杯是一个较大的用于混合葡萄酒和水的容器。酒宴的男主人总会把酒和水掺到一起，因为古希腊人认为没有掺水的酒对身体有害。

食物

古希腊人的食物很简单，可能会有一盘鱼和蔬菜，比如大葱和圆葱，然后是苹果、奶酪和蜂蜜蛋糕。

舞者

舞者一般是外邦人或者奴隶。雅典女人不会出现在像这样的公共场合里。

陪酒侍女

陪酒侍女是参加酒宴的男人的女伴。她们中很多人受过良好的教育，认识字，会演奏音乐。

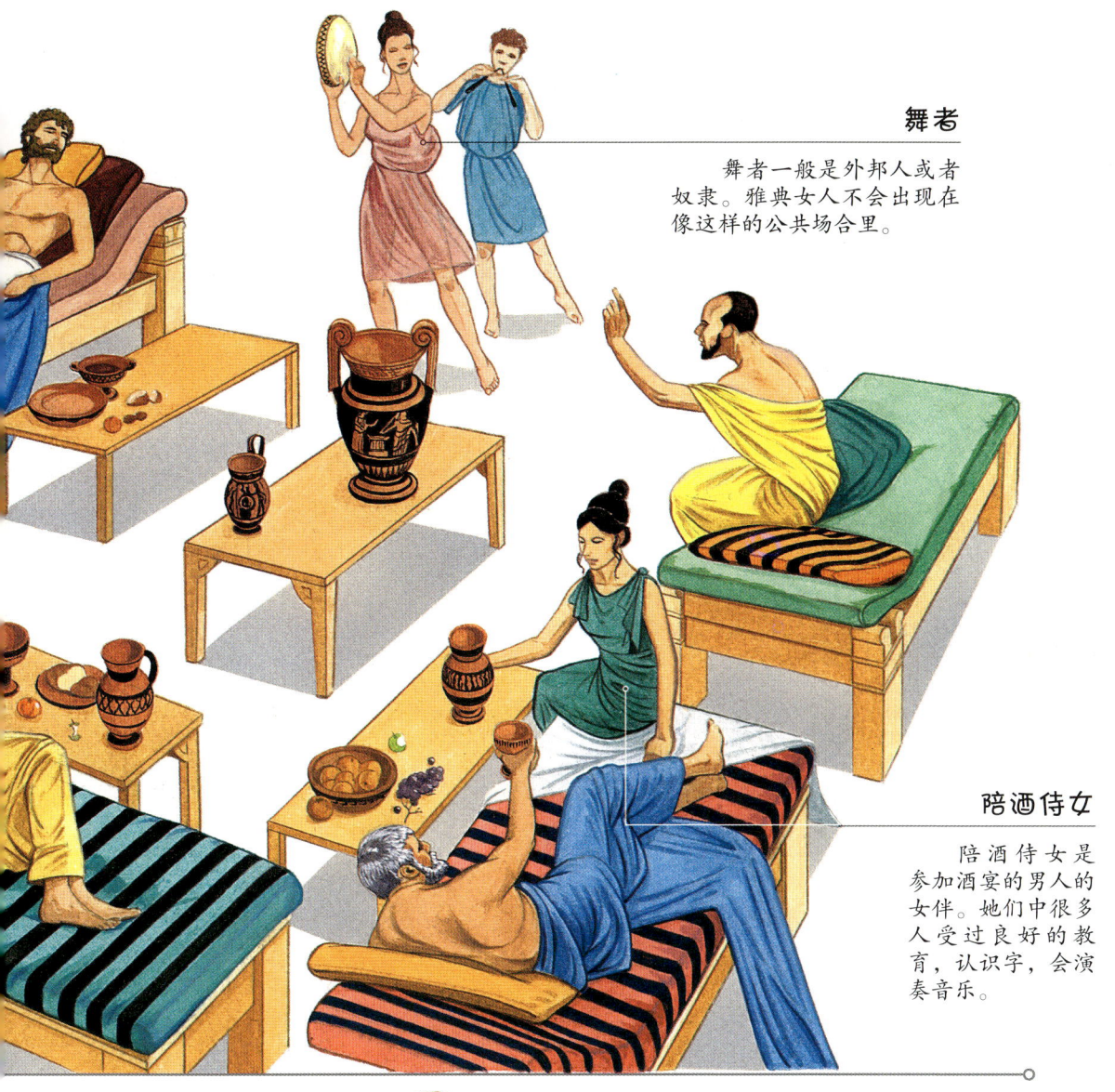

油灯

像这样的油灯已经填满了油。把灯芯放到灯嘴处，点燃即可。

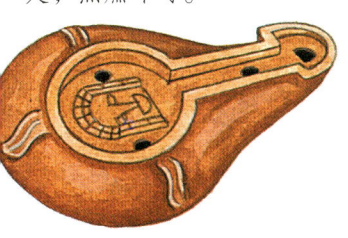

陶酒坛

在酒和水掺好以后，人们把它倒在一个罐子（陶酒坛）里，然后，再倒到酒杯里。

排箫

排箫是以希腊神话中的畜牧神潘命名的。据说是他发明了排箫。

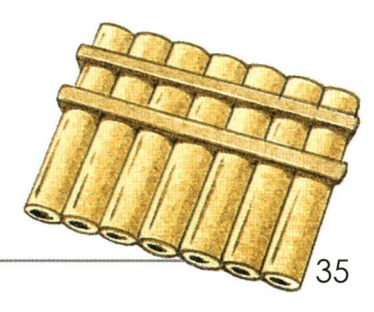

剧场和演员

古希腊人是第一个有剧院的民族。在盛大的宗教节日里，不同作家的戏剧频频上演，他们互相竞争，争取奖励。剧场建在一个山坡上，观众们能够听到舞台上演员的每一句台词。演员们戴着面具，装扮成剧中的人物。

合唱队则站在舞台前面的一个地方，或者叫作幕前部分，称为圆场。出演的戏剧要么是喜剧，要么是悲剧。

观众席

观众来自希腊的各个地方。他们坐在剧场观众席的石阶上。一个大型的观众席能容纳14000人。

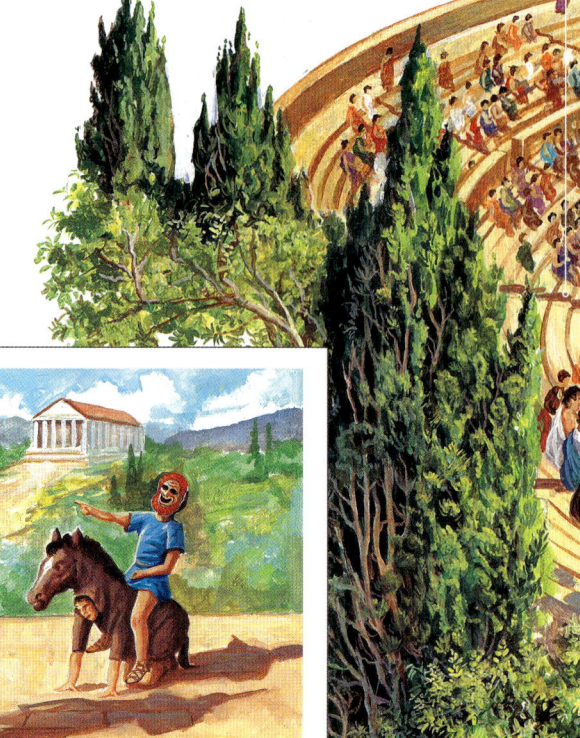

化装表演

不是所有的剧目都非常严肃。演员们经常会装扮成动物上演一段滑稽可笑的表演。他们会随着音乐跳舞。

看这里

门票

这些是戏剧门票。上面的字母能告诉观众坐在哪里。在大型节日里，剧场会爆满。

面具

所有的演员都会戴着面具，这样观众就能够马上认出他们演的是国王还是信使。图中所示的这个面具可能是一个悲剧里的人物。演员们必须要大声说话才能使观众们听清。

合唱队

所有的剧目都有一个由12人到15人组成的合唱队，合唱队站在舞台前部，吟唱歌曲或者介绍故事的背景。

演员

通常情况下，舞台上仅有3个演员。他们在合唱队后面的一个较低的舞台上表演。

🐾 滑稽小雕像

古希腊人喜欢在剧里设置一些喜剧的人物。他们经常是奴隶或者仆人，戴着滑稽的面具，穿着鼓鼓囊囊的衣服。

🐾 做准备的演员

左边的演员拿着酒神狄俄尼索斯的面具正准备戴上；另一个演员是合唱队的成员，正在戴一个女人的面具。

37

手工艺者

古希腊人都是技艺精湛的手工艺者。他们的陶器、雕塑是世界精品。古希腊人虽然是从东方学习的技艺，但是他们总是在不断地发展自己的风格。工匠们以自己的作品为荣，因此，常常会在作品上刻上自己的名字。

大部分古希腊的工匠有自己的作坊，还有1名或2名奴隶辅助。他们所用的工具非常简易，一般是他们自己手工制作的。一般来说，一种工艺占据城市的一个地方。例如，在雅典，200多个陶器工匠和画师都在一个地方工作。

赫菲斯托斯是火神，被视为工匠的始祖。在雅典有一个壮观的赫菲斯托斯神庙，神俯视着铁匠们的作坊。

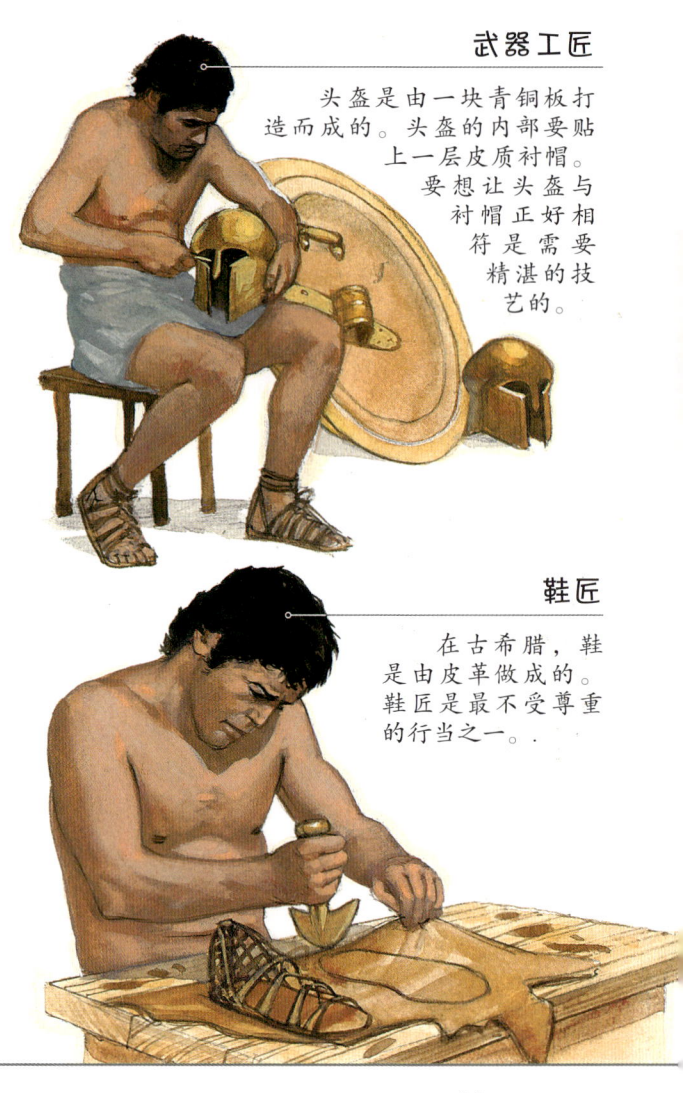

武器工匠

头盔是由一块青铜板打造而成的。头盔的内部要贴上一层皮质衬帽。要想让头盔与衬帽正好相符是需要精湛的技艺的。

鞋匠

在古希腊，鞋是由皮革做成的。鞋匠是最不受尊重的行当之一。

看这里

女孩人体雕像

人们雕刻这些人物是为了纪念那些作为神的祭品而死去的人。图中的这座雕像有女祭司的头饰。女孩人体雕像是穿着衣服的。

项链

最好的金饰品产于位于意大利南部的塔拉斯城邦。图中的项链就来自那里。

38

铁匠

铁是最普通的金属。古希腊人用铁制造武器或者一些简单的农用工具。铁匠们把铁放到熔炉里融化，再锻造出各种形状。

陶匠

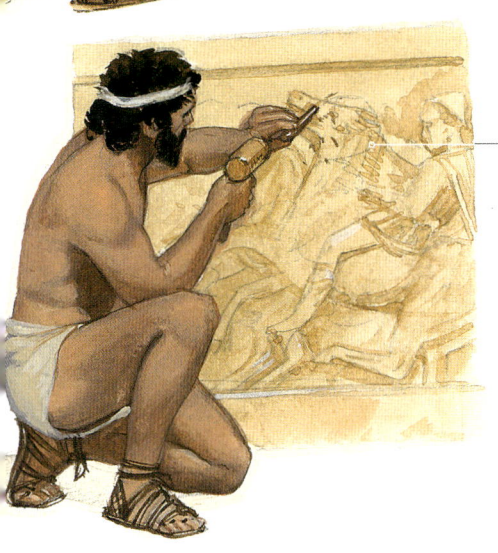

古希腊的陶器是世界上最好的。陶器表面的图案一般是关于英雄和他们的冒险故事。

雕刻工匠

古希腊的雕刻工匠非常擅长创造栩栩如生的形象以及浮雕。雕刻一个单独的雕像可能需要六个月的时间。

大理石头像

图中这个大理石头像是在雅典发现的。据传这个头像是海神波塞冬。

雕像

图中这个青铜的雕像是宙斯，他正要击发雷电。这个雕像是在一艘沉船中发现的。

宝石

这只苍鹭雕刻在了一块玉髓上。玉髓是雕刻工匠最喜欢的宝石。这个苍鹭图案的下方是雕刻工匠的名字——德克马诺斯。人们经常把宝石镶嵌在戒指上，或者镶嵌在项链上。

学习和发明

古希腊人有极大的好奇心。他们喜欢弄清楚事物工作的原理。古希腊的医生致力于研究疾病；天文学家观察星体；科学家，比如亚里士多德和阿基米德，研究他们身边的世界，包括动物、植物，还有不同的民族。他们把想法记录了下来，从而奠定了现代数学和科学的基础。

哲学家，比如柏拉图和苏格拉底，他们会问："什么是好人？""有没有最好的方式来管理一个国家？"然后，几个人开始对这些问题展开辩论。幸运的是，他们的许多辩论都被记录了下来，至今，我们仍能够品读。

阿基米德螺旋泵

阿基米德螺旋泵能够提升水位，使水通过水管流出。阿基米德发明这个是为了把船里的水抽出来。现今，这个发明仍在使用，用于抽取河水，灌溉庄稼。

工作原理

螺旋装置的末端置于水中，当人们转动螺旋装置的时候，水位提升，水在高处倾泻而出。

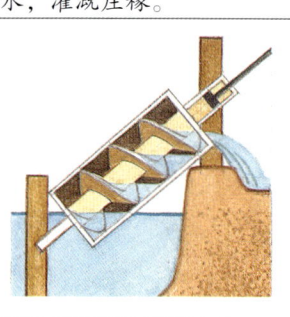

看这里

◉ 箭机

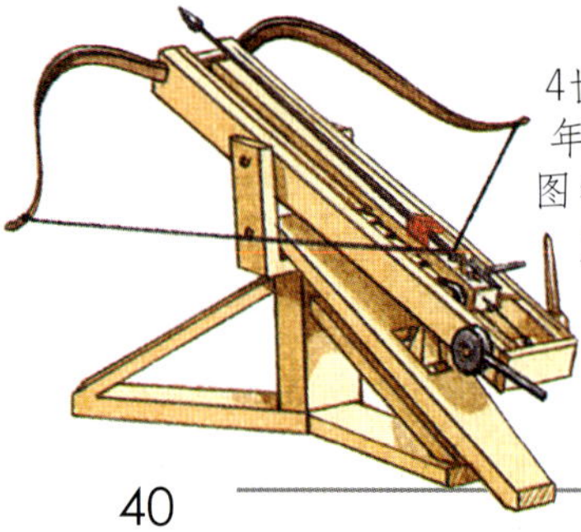

公元前5世纪到公元前4世纪是古希腊兵荒马乱的年代。互相仇视的城邦试图征服对方。大部分的新发明都与战争有关。图中的箭机是叙拉古城邦的发明，这个城邦以经常攻击其他城邦著称。

◉ 攻城机械

大部分古希腊城邦都建有坚固的护城墙。占领这些城邦的唯一方法就是使用攻城机械。士兵们从机械的顶部向城内发射弩炮，或者从内部爬到机械顶部，然后奋力爬到对方的城墙上。

40

哲学家在柱廊教授学生

哲学家们经常和男学生们讨论，努力探索问题的真理。一般他们会选择在柱廊讨论，就像图中那样。在夏天，这里也非常凉爽。

苏格拉底

苏格拉底是最著名的哲学家之一。他因为不信仰城邦公认的神而被迫害致死。

亚里士多德

亚里士多德是古希腊最伟大的学者之一。他有许多著作，涉及生物、天文、政治、哲学和数学等。

日食

据说，古希腊的科学是从公元前585年开始的。这一年，米利都学派的哲学家泰勒斯通过月亮的运行，准确地预测出一次日食。

数学

在西方，毕达哥拉斯最早提出著名的直角三角形三边关系的定理——勾股定理，也称毕达哥拉斯定理。

天文学

古希腊人认为地球是宇宙的中心。他们对星星有无尽的好奇心，因此，提出了许多关于星体运行的理论。之后的1500年里，这些理论从来没有被质疑过，直到后来的科学家们证明这些理论是错误的。

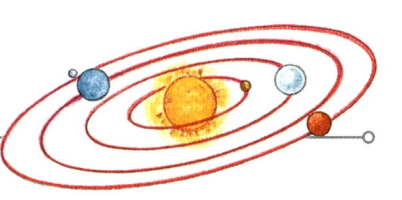

41

疾病与死亡

古希腊的生活是有益于健康的，所以，许多古希腊人的寿命都在80岁以上。但是对于儿童来说，一旦生病，即使不是什么大病，也会因为当时医疗水平低下无法获得救治而不幸夭折。

许多百姓认为疾病是神降给人类的，因此，祈祷和祭品非常重要，可以阻止疾病的发生。

古希腊医生视疾病为身体机能运行不正常的表现。他们仔细地检查病人的身体，努力找出最有效的治疗办法。他们相信锻炼、呼吸新鲜空气、合理饮食有助于身体健康。这些医生，比如希波克拉底，是现代医药科学的奠基人。

艾斯库累普

艾斯库累普是医神。在全希腊，很多地方都有他的神庙。病患们去那里祈求他的帮助。

看这里

子宫

人们制作这个子宫模型可能是为了感谢神保佑妇女顺利孕产。

手术工具

古希腊的医生可以做简单的手术。图中所示的是医生使用的一些工具。手术一定异常疼痛，伤口也容易感染，最终可能导致病人死亡。

药罐

这些罐子是在雅典的监狱发现的。很可能，当初它们装满了毒芹汁（一种毒药），让被判死刑的犯人喝下。

送葬队伍

人死后第三天举行葬礼。送葬队伍在前面,哭泣的哀悼者们跟在后面。

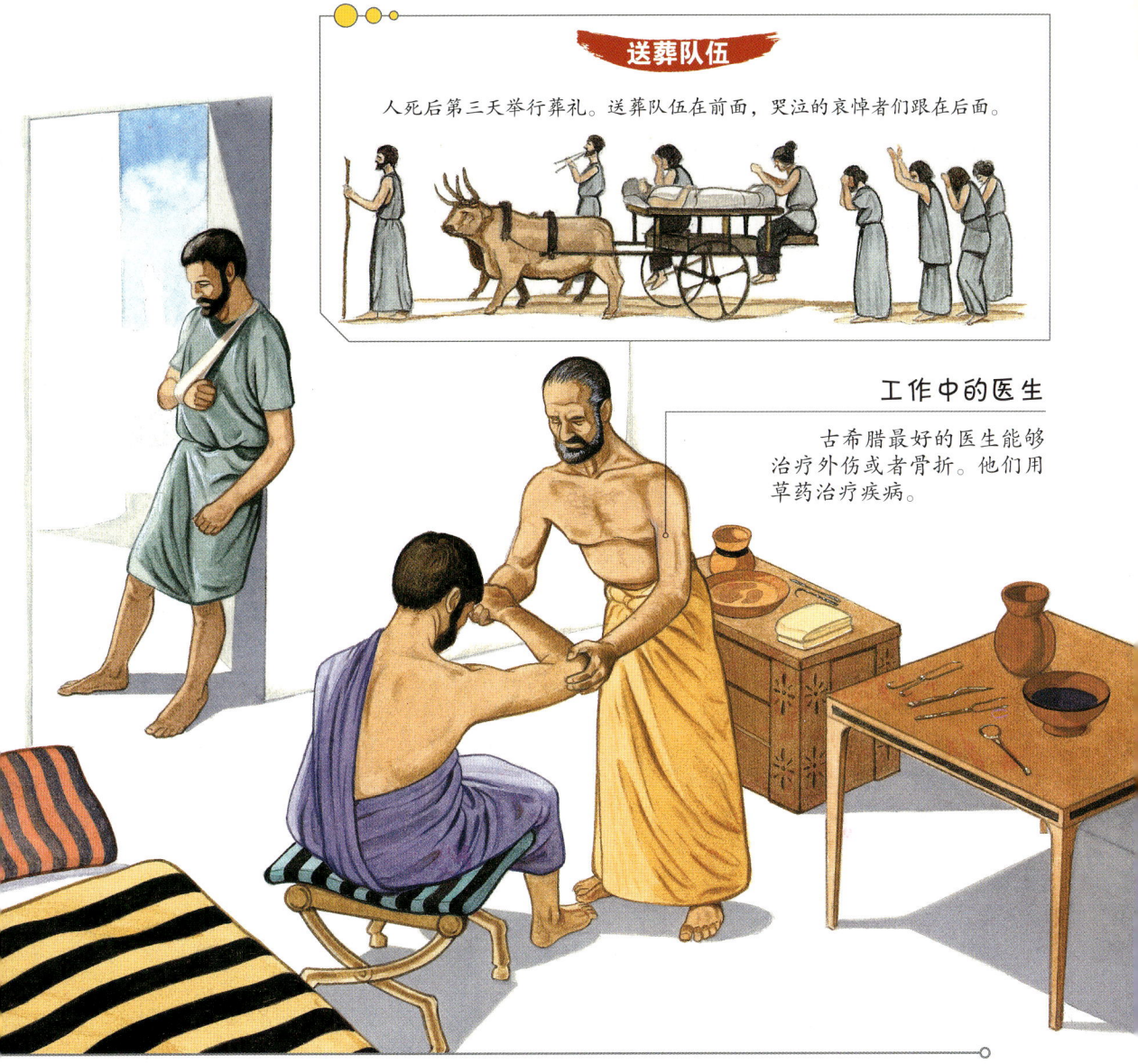

工作中的医生

古希腊最好的医生能够治疗外伤或者骨折。他们用草药治疗疾病。

墓碑

死者的骨灰被埋在了墓地。有钱的人家会立一个墓碑。这个漂亮的墓碑上的图案是一个小姑娘和她的鸽子。家里人每年来探望一次,在这里,他们要做特别的祈祷。对家庭来说,照看坟墓是一项重要的责任。

坟墓

最有钱的人家有单独的坟墓。这些坟墓上刻有死去的家人的图像。最阔绰的是坟墓内部铺有马赛克地面。

大事年表

前1600年至前1200年
希腊南部是迈锡尼文明。

前9世纪
古希腊商人和来自东方的商人开始商贸往来。

前8世纪以后
古希腊开始建立城邦。

前750年
古希腊人到达意大利西海岸寻找金属铁,并定居在那里。

前650年
三桨座战船成为标准的古希腊战船。

前1200年 — 前800年 — 前750年 — 前650年

前9世纪
古希腊人定居希腊本土,即现在的土耳其和塞浦路斯。

前800年
古希腊人在文字中加入元音,进而发展了腓尼基文字。

前776年
首届奥林匹亚竞技在奥林匹亚举行。之后,每四年举办一次。

前750年以后
希腊人定居在意大利南部和西西里岛。

前6世纪
希腊人定居在了地中海地区和黑海地区。

参考书目

Bingham, Jane, *Medieval World* (Usborne Internet-linked World History), Usborne Publishing, 2012.
Deary, Terry, *Measly Middle Ages* (Horrible Histories), Scholastic, 2007.
Hibbert, Clare, *Terrible Tales of the Middle Ages* (Monstrous Myths), Franklin Watts, 2014.
Jones, Lloyd Rob, *The Middle Ages* (See Inside), Usborne Publishing, 2009.
Macdonald, Fiona, *You Wouldn't Want to Be a Medieval Knight!* (The Danger Zone), Salariya Book Company, 2014.
Medieval Life (DK Eyewitness), Dorling Kindersley, 2011.
Powell, Jillian, *The Middle Ages* (The Gruesome Truth About), Wayland, 2012.
The Middle Ages 1154–1485 (British History), Kingfisher Books, 2007.
Walker, Jane, *Knights & Castles* (100 Facts), Miles Kelly, 2010.
Wheatley, Abigail, *The Middle Ages* (Usborne History of Britain), Usborne Publishing, 2013.

前585年

据说，古希腊的科学开始于这个时期。米利都学派的哲学家泰勒斯通过月亮的运行，准确地预测出一次日食。

前500年到–前323年

古希腊的古典时期。人们对哲学、艺术、建筑非常感兴趣。

前480年

在萨拉米海战中，雅典军队战胜了波斯军队。

前432年

在雅典卫城修建的巨大的帕提侬神庙完工。

前338年

腓力二世统治希腊。公元前336年，他的儿子亚历山大大帝成为国王。

前550年　前490年　前450年　前400年　前140年

前508年

雅典开始实行民主制。男性公民有选举权，可以决定如何管理城邦事务。

前490年

雅典成为地中海地区最富有、最强大的城邦，在马拉松战役中，打败了波斯的入侵。

前479年–前431年

雅典人迎来了财富、权力的黄金时期，艺术和文化也蓬勃发展。

前431年–前404年

伯罗奔尼撒战争在斯巴达和雅典及其他城邦中展开。最终，斯巴达获胜。

前146年

罗马占领了希腊，此后，希腊成为罗马帝国的一部分。

参考网站

www.bbc.co.uk/bitesize/ks3/history/middle_ages/

www.bbc.co.uk/history/british/middle_ages/

Medievaleurope.mrdonn.org/

浏览网站注意事项：

出版方已经尽力确保上述所列网站适合孩子浏览。然而，由于网址和内容经常发生变化，还是建议孩子在大人陪伴下浏览。

词汇表

红色的词在书中有更多的参考内容

A

阿波罗 希腊众神中最受欢迎的神。他是太阳神，主管光明、青春、医药、畜牧、音乐、诗歌。

阿基米德 古希腊科学家，发明了阿基米德螺旋泵。

埃特鲁里亚人 意大利的古代民族，古希腊人与他们贸易。他们用铁交换古希腊人的精美的陶器。

艾斯库累普 医神。

爱琴海 现今希腊和土耳其之间的海域。古希腊人环爱琴海而居。

奥林匹斯山 位于希腊东北部的一座山。古希腊人民认为众神住在奥林匹斯山上。

奥林匹亚竞技 在奥林匹亚，每4年举办一次竞技会。来自全希腊的男性运动员参与竞技。

B

伯里克利 公元前5世纪，雅典重要的政治家。

柏拉图 古希腊最伟大的哲学家。公元前4世纪，其在雅典任教。

C

城堡 筑于山顶上的防御工事，周边的乡村在其统治之下。

D

大理石 一种白色的坚硬的石材，一般用于建造最好的建筑。

F

方阵 重装步兵站成多排共同作战，一个在另一个的后面。整个作战团队叫作方阵。

腓尼基人 生活在地中海东部的海上民族，是希腊人最大的对手。

G

公民 城市里的居民。在雅典，只有出生在城邦，父母都是公民的人才能获得公民身份。只有男性公民才有选举权。

公民大会 雅典城或者其他城邦的议会制度，作为议会成员的公民将聚在一起讨论城邦事务。

H

合唱队 为了配合戏剧，吟唱歌曲或者介绍故事背景的一组演员。

荷马 古希腊最伟大的诗人。他写的《伊利昂纪》和《奥德修纪》一直流传于世。这两部诗作是他在公元前700年完成的。

赫拉 又叫婚姻和妇女女神，是宙斯的妻子。

赫斯提 掌管家庭事务的女神。

J

角力学校 运动项目的训练场地，例如角力。

K

考古学 通过发现、检查遗留下来的东西来揭示过去的历史。

L

里拉琴 古希腊最受欢迎的乐器。人们伴着里拉琴的琴声背诗、唱歌。

M

迈锡尼人 第一批希腊人，善战的民族，因所在的城市迈锡尼得名。迈锡尼位于希腊的南部。

民主 一种政治体制。在这种体制下，人们自己决定城邦事宜。雅典人第一个采用民主体制。

N

瑙克拉提斯城 位于埃及的一个重要的古希腊人贸易场所。古希腊人用银器换取粮食。

女孩人体雕像 女孩形象的雕像。

P

帕提侬神庙 雅典最伟大的神庙，位于雅典卫城，为纪念雅典娜女神而建。

陪审员 陪审员听过全部的案情之后，决定被告是否有罪。在雅典，任何公民都可以做陪审员。

S

三桨座战船 有三排船桨的希腊战船。

山形墙 神庙屋顶末端呈三角形的石板。上面一般刻有神的图案。

神谕 神的建议或者预言。古希腊人到神庙向神询问，祭司转达神谕。最著名的神谕就是特尔斐的神庙的阿波罗神降下的神谕。

双耳喷口杯 用于喝酒前，将水和酒掺到一起的大罐子。

苏格拉底 著名的雅典哲学家。因对众神的信仰产生质疑而被迫害致死。

T

特尔斐的神庙 著名的传达阿波罗神谕的地方。

W

卫城 希腊城市最高的部分，用于防御外来入侵，或者建造最壮观的建筑物。

X

线形文字B 迈锡尼人使用的文字。线形文字B的语言是希腊语的早期形式。

献祭 宰杀动物，敬献给神的一种宗教仪式。古希腊人相信，通过这种方式，他们能够得到神的帮助。

Y

雅典娜 智慧女神，也是雅典城的守护神。

亚格拉集会广场 城邦里的市场。

亚里士多德 世界上早期的科学家之一。他于公元前4世纪在雅典办学校教授学生。

圆场 剧场里位于舞台和观众之间的圆形空间。合唱队就站在这里吟唱。

Z

站立人像 大型男性雕像，一般放在墓地。

哲学家 通过观察、逻辑思考、推理获得事实的本质的人。

重装步兵 古希腊的步兵。他们以长矛和剑作为武器，使用盾牌保护自己。

宙斯 众神之父，掌管雷电云雨。

柱廊 分为两层的长形建筑。第一层是开放式的，夏天人们可以在这里避暑，以便交谈、做买卖。

柱头 石柱顶部刻有图案的部分。希腊各方地域不同，建筑石柱的柱头上雕刻的风格也不同。

索引

A

阿波罗 22，23
阿佛洛狄忒 22，23，30
阿基米德螺旋泵 40
阿提卡 15
埃维亚岛 11
艾斯库累普 42
爱奥尼克 24
奥德修纪 8
奥林匹斯山 22
奥林匹亚 11，24，26
奥林匹亚竞技11，26—27

B

宝石 39
悲剧 36
毕达哥拉斯 41
比赛项目 26—27
边界石 15
辩论 17
标枪 27
波塞冬 22，23，39
波斯人 14，18，20
伯里克利 15
柏拉图 40

C

城邦 14
城堡 8
吃饭 29
厨房 28
船只失事 11

D

得墨忒耳 13
德克马诺斯 39
狄俄尼索斯 12，37
雕像 24，38，39
动物 13

盾牌 9
多利克 24

F

法律 17，32
反专制 17
泛雅典娜节 25
方阵 18
菲狄亚斯 15，25，26
腓尼基人 10,11
坟墓 18，43
负重跳远 27

G

橄榄 12，13，15
耕种 12，13
公民 16
公民大会 16
攻城机械 40
宫殿 9
观众席 36
乐器 33,34

H

海战 20—21
合唱队 36,37
荷马 8,32
赫耳墨斯 22
赫菲斯托斯神庙 38
赫拉 22
赫斯提 28，29
化装表演 36
婚礼 30
婚姻 30

J

基萨拉琴 33
疾病 42，43
祭酒靴 8
祭品 22，23，29

祭司 23
祭坛 29
家具 28
家庭生活 30—31
建筑 24
箭机 40
教师 33
教育 32—33
酒宴 34—35
剧场 36
角力 26
角力学校 32

K

科林斯 10
科学家 40
盔甲 19

L

蜡板 32,33
离婚 30
犁地 12
里拉琴 32，33
立柱 25

M

马拉松战役 18，19
马赛克 28，43
迈锡尼 8
迈锡尼人 8—9
锚 21
门票 36
面具 36,37
民宅 14，28—29
民主 16—17
墓碑 43
幕前部分 36
沐浴 30
沐浴礼 30

N

内殿 25
内斯特 8
奶瓶 29
瑙克拉提斯城 10
农作物 12，13
奴隶 16,28,30,34,38
女孩人体雕像 38
女神 13,25,28,29
女神柱廊 25

P

潘 35
陪酒侍女 35
陪审员 16，17
皮洛斯宫殿 8
葡萄 12,13
葡萄酒 34
葡萄藤 12
普尼克斯山 16

Q

骑兵 19
钱币 14,21
青铜 11，39
青铜釜 11

R

日食 41

S

萨拉米 20
赛马 27
三桨座战船 20，21
山形墙 24
神 22—23，24
神庙 24—25，26

48